OPINION

DU COMTE LANJUINAIS,

PAIR DE FRANCE;

SUR LA PROPOSITION

De substituer une autre peine à celle de la Déportation.

OPINION

DU COMTE LANJUINAIS,

PAIR DE FRANCE;

SUR LA PROPOSITION

De substituer une autre peine à celle de la Déportation.

A LA LIBRAIRIE CONSTITUTIONNELLE
DE BAUDOUIN FRÈRES, rue de Vaugirard, n. 36;
DELAUNAY, LIBRAIRE, au Palais-Royal.

1819.

OPINION

DU COMTE LANJUINAIS,

PAIR DE FRANCE.

MESSIEURS,

Deux propositions vous sont faites ; elles tendent, la première, à substituer quelqu'autre peine à celle de la déportation ; la seconde, à procurer et assurer l'exécution de cette même peine.

Chacune de ces deux propositions se rapporte aux déportés maintenant détenus au Mont-Saint-Michel, et de plus, à tous ceux qui pourraient être dans la suite condamnés à la déportation. Ainsi, deux rapports, le temps présent et le temps futur, l'intérêt des condamnés actuels, et celui des condamnés possibles, doivent également occuper vos esprits dans l'examen des deux propositions tout-à-fait contraires, qui nous sont maintenant soumises.

Fixons-nous d'abord au temps présent; parlons des condamnés actuels, c'est-à-dire, des *détenus au Mont-Saint-Michel*, en attendant leur embarquement pour un lieu de déportation. Nous passerons bientôt à ceux qui pourraient être, dans la suite, condamnés à la même peine.

Il faut bien, Messieurs, que cette peine soit d'une exécution possible en elle-même, puisqu'elle se réduit à demeurer sur quelque territoire français, hors de la France continentale; et que notre Code pénal la prescrit dans sept articles, pour des cas de crimes politiques si rares, que depuis 1810, qu'elle fut rétablie, après avoir été supprimée, il ne s'est trouvé, jusqu'en 1815, aucun condamné à la déportation.

D'ailleurs, les deux Pairs qui en demandent l'abolition conviennent qu'elle a eu lieu par *nos anciennes lois*; et celui qui a pris l'initiative, a observé, dans son développement, que *dès les plus anciens temps, certains délits politiques furent punis par la transportation;* et que ces peines, *dans la Grèce et à Rome, frap-*

paient les citoyens les plus illustres comme les plus obscurs. Il ajoute : *En épargnant la vie des hommes, ces peines rendent témoignage de l'humanité des législateurs et des juges.* Voilà donc que l'humanité s'unit à la possibilité absolue et aux exemples anciens et modernes, pour faire admettre ce genre de peine. C'est déjà quelque chose.

Il est curieux sans doute, mais peu décisif d'examiner, comme l'a fait un autre Pair, si la transportation ou déportation n'a eu lieu que dans Rome asservie, si jamais, dans Rome libre, il n'y eut rien de semblable.

Premièrement, la Grèce libre, et Rome libre, et la France avant la révolution, ont connu cette peine. On nous a parlé de Cicéron; mais Cicéron, pour avoir sauvé Rome par une mesure de sûreté générale, non pas d'une ou de plusieurs années, mais d'une heure, fut condamné dans Rome libre sans doute, et par l'assemblée du peuple, mais sans les formes des jugemens, à l'interdiction de l'eau et du feu, qui avait, sous Rome libre, les effets de la déportation ou transportation, et qui le fit mourir civilement, forcé, comme tant d'autres illustres Romains, de se déporter lui-même.

Dans son discours *Pro domo suâ*, il a fait là-contre de brillans morceaux d'éloquence; mais sans blâmer la peine de l'exil forcé qui se pratiquait alors; condamné par la loi, il fallut une loi pour le rappeler dans sa patrie, et lui rendre la vie civile. Il convient donc de nous défier des citations oratoires et sentimentales, et il est bien plus facile de les multiplier, que d'en prouver la juste application, et d'en tirer des inductions pressantes.

Secondement, il y a dans les lois de Rome, esclave ou soumise aux empereurs, des institutions sans nombre que nous avons adoptées, et qui ne sont point incompatibles avec la liberté. Mais je dois passer promptement sur ces faits antiques. Il faut nous décider par la raison, par nos lois, et non par des exemples, et non par des discussions d'histoire et d'antiquité, dont on peut, la plupart du temps, dire avec Horace :

Nil agit exemplum litem quod lite resolvit.

Sur un exemple moderne, celui de Botany-Bay ou de la Nouvelle-Galles, qui est peu applicable, puisqu'il n'est pas question de fonder une colonie de déportés français, je dirai un mot; c'est que les Anglais, dans ce moment même, songent à étendre et à perfectionner cette colonie toute de déportation. Un bill à cette fin, occupe actuellement le parlement anglais.

J'ai dit, qu'il n'est pas question de faire une colonie française de déportés, mais d'indiquer un ou plusieurs de nos établissemens coloniaux, où nos déportés puissent vivre en liberté, ou comme pensionnaires à la charge de l'État, ou comme étrangers sous la protection du droit naturel, ou comme subsistant de leur pension de famille, ou de leur industrie, ou soutenus par leurs compagnes, leur ancienne épouse, ou une autre épouse naturelle ou civile, ou remplissant quelque fonction, quelque emploi à eux conféré par le gouverneur français; car telle est, telle pourra être leur condition, malgré leur infamie de convention, et sans flétrissure, malgré leur mort civile, modifiable à l'arbitrage des autorités; ils pourraient même défendre leurs droits dans les tribunaux, soit par un curateur, selon la règle commune du Code pénal, soit en leur nom seul, par autorisation du Gouvernement. Voilà, Messieurs, l'état légal de nos déportés, le voilà tel qu'il résulte de notre Code; on ne craindrait pas sur cette description de soutenir thèse. Enfin, le déporté peut fuir, trouver l'hospitalité dans une terre étrangère; le Code pénal le suppose assez; la raison le démontre; et si le cas arrivait, vous ne seriez pas de ceux qui diraient que la condition est *illusoire*, que la *vindicte publique n'est pas encore satisfaite.*

On a embarrassé la question, voulant y mêler un projet de transportation et de colonisation, en s'occupant des forçats et d'autres condamnés; c'est une vue chère à l'humanité, que de rendre quelque jour les forçats, par de sages mesures, à une sorte de vie civile; si la chose est impossible, il faudra se résoudre à souffrir ce qui existe, et ce qui révolte les sens et la raison; mais il ne s'agit point des forçats, ni des autres déportés possibles dans un nouveau système de législation; il s'agit d'abord de ceux qui attendent, comme une délivrance, ou leur grâce, ou leur départ pour quelque lieu de déportation. Combien sont-ils? Il n'y en aurait probablement aucun, d'après les sept articles du Code pénal, si nous eussions vécu, en 1815 et 1816, dans des temps ordinaires, et si des impulsions tout-à-fait accidentelles et irrégulières n'eussent excité une grande tempête politique, avec toutes les irritations inséparables d'une circonstance de cette nature.

Les malheurs de 1815 ont donc amené des lois transitoires qui furent bien appelées, au moins, des mesures de circonstances, des mesures d'exception, ou de suspension, sortant des règles communes.

Ces mesures ont donné cent onze condamnés à la déportation.

La maison du Mont-Saint-Michel est affectée au séjour provisoire des déportés, depuis le 2 avril 1817 ; et soit mort naturelle survenue ; soit grâce entière, soit commutation de peine accordée ; il n'y a, au plus, que cinquante-cinq déportés existans dans cette maison. C'est l'auteur de la proposition qui nous l'atteste, après une scrupuleuse recherche. Leur déportation peut être effectuée sans beaucoup augmenter nos dépenses annuelles. Comme ils sont tous condamnés pour des excès politiques, des méfaits de circonstance, il est évident que ces déportés ne pourraient inspirer l'effroi dans les colonies, ni s'y voir absolument repoussés. D'ailleurs, il serait facile de les séparer, de les disperser en plusieurs de nos établissemens coloniaux. Le gouvernement seul serait croyable, s'il venait vous dire :

L'exécution de leur peine est chose impossible ou trop difficile.

Maintenant, faut-il demander pour eux la substitution d'une autre peine à la déportation? Est-ce pour eux, est-ce contre eux que l'on songerait à obtenir une loi? D'abord, votre comité vous a prouvé, ce me semble, qu'on ne peut ni les juger de nouveau, ni leur infliger une peine nouvelle. Rien n'a été répondu à cette observation.

En second lieu, ce que le proposant a en vue, il nous le dit page 22 de son développement. En définitif, il veut voir changer la déportation et le bannissement en *prison perpétuelle*; mais de son aveu, les déportés ou plusieurs des déportés ne seraient pas de son avis : pourquoi vient-il donc, quand tout est à faire pour développer la Charte, pour organiser la liberté constitutionnelle; quand nos premiers besoins provoquent son zèle et son influence, vous occuper seulement, afin d'aggraver le sort de ceux qui aspireraient, faute de commutation ou de grâce, à la déportation comme à un précieux soulagement? Cela paraît venir d'une liaison d'idées, qui tient à un malheur immérité; mais enfin, à une liaison d'idées qu'il est bien plus facile de comprendre que d'approuver.

L'avis de la commission est-il plus judicieux ? Oui, s'il s'agissait de citoyens condamnés selon les règles communes, et par les juges naturels, par les jurés. Mais ils sont condamnés *par mesure*, *par exception*, *par suspension*, d'après des commandemens de *circonstance*. Les cours *prevôtales* n'ont eu de constitutionnel que leur qualification de *prevôtales*. C'était une invention pire que n'étaient les *prevôtés*, chose réellement inconstitutionnelle. Elle n'a pas *rétabli*, elle a fait du nouveau ; elle a fait ce qu'on n'avait jamais vu ni pu soupçonner possible ; contre les premiers principes, contre toutes les lois même de l'ancien régime, elle a réduit tous les Français *prévenus* de certains délits à l'espèce de hors la loi, établie pour les voleurs de grand chemin. Je m'arrête : assez de publicistes ont prouvé l'inconstitutionnalité des nouvelles cours prevôtales ; et, d'après l'expérience, l'opinion les a pour jamais réprouvées.

Des jugemens inconstitutionnels avaient désolé la France en 1793 et en 1794, sous la Convention, privée, par l'attentat du 31 mai, de cent membres des plus justes et des plus courageux. La France fut alors couverte de tribunaux d'exception sous toutes sortes de noms; ils poursuivirent, ils condamnèrent à la mort, à la confiscation, non pas cent onze accusés, mais des milliers de malheureux Français arrêtés comme criminels d'État.

Les Députés proscrits rentrèrent en fonctions, et aussitôt plusieurs d'entre eux, parmi lesquels je ne citerai que M. de Boissy-d'Anglas, comme principal auteur d'une belle et juste motion; aussitôt nous demandâmes un remède extraordinaire, et nous fûmes assez heureux pour faire abolir, par une loi spéciale, plusieurs milliers de jugemens de condamnation, rendus d'après des lois d'exception et de circonstances.

Voilà, Messieurs, ce qu'a fait la Convention même, aussitôt qu'elle put recouvrer son intégralité et son indépendance. Voilà ce qu'il serait glorieux d'imiter en tous les cas analogues, et ce que je proposerais pour nos déportés, victimes des lois d'exception du 9 novembre et du 20 décembre 1815, si je me sentois assez d'influence pour provoquer l'exercice de notre initiative indirecte. Je tendrais non pas à faire, malgré elles, enfermer à perpétuité les victimes, mais à les délivrer toutes. Je voudrais élever ma faible voix pour tous les bannis sans jugement, et pour ce qui reste encore de nos collègues, privés, sans jugement, de l'exercice de la pairie; mais je voudrais parler surtout en faveur des bannis, par de pures extensions ministérielles, s'il en existe encore. C'est ainsi que je prétendrais signaler mon zèle pour la justice, pour la paix publique, pour la patrie et pour le trône, quatre objets que mon esprit et mon cœur ne veulent point séparer.

Dans ces sentimens excités en moi par la conviction la plus intime, et qui, je pense, ne m'abandonneront jamais, je dois au moins repousser la première des deux propositions qui nous occupent, en tant qu'elle concerne les détenus au Mont-Saint-Michel. Dans ma conscience, et selon l'opinion des publicistes les plus éclairés, je crois leurs jugemens illégaux et nuls. Mais j'espère tout de la sagesse des ministres et de l'indulgente bonté du Roi, qui seront instruits de nos débats; en conséquence je vote, par rapport à ces condamnés, l'ordre du jour, ou l'ajournement pur et simple.

Examinant la question pour les jugemens à venir, je trouve qu'elle s'est encore trop compliquée, et même qu'elle s'est dénaturée; je tâcherai d'abord de la ramener à toute sa simplicité bien indiquée par les mots *loi*, et *substituer*, qui se trouvent dans l'énoncé du problême.

On demande s'il faut prier le Roi de *substituer* par une loi, à la peine de la *déportation* une peine différente.

C'est sans doute de *substituer* dans nos lois pénales, dans nos lois actuelles. Ainsi d'abord, il ne s'agit pas de l'exil arbitraire, des mesures que les passions ou la nécessité réelle ou imaginaire font prendre durant les tempêtes politiques, comme celle que l'on a connue sous le nom de *fructidor*. S'il en était question, j'aimerais mieux encore dans l'intérêt même des victimes la déportation que le supplice.

Mais il n'y a point de loi à faire pour les passions déchaînées, soit démagogiques, soit aristocratiques. Nous ne le savons que trop, nous ne l'avons que trop éprouvé. Au nom du salut public, éternelle excuse de toutes les tyrannies, tous les freins légaux, toutes les barrières sont brisés. Tâchons de prévenir ces malheurs par la sagesse, par la fermeté, par la prudence; mais s'ils nous arrivaient encore, n'espérons pas en triompher par une loi pénale.

Ce sont des torrens que rien n'arrête.

Nous replaçant donc en ces temps ordinaires, où les lois seraient écoutées, nous n'avons pas à rechercher si la déportation doit être étendue aux plus grands crimes politiques, à tous ceux que peuvent commettre les plus grands fonctionnaires. Car, d'une part, il ne s'agit ici que de *substituer* une peine à l'autre ce qui borne l'examen aux seuls cas pour lesquels déjà la déportation est établie; et, de l'autre, il est bien connu que le Code pénal ne prescrit la déportation contre des crimes politiques de second ordre, que pour sept cas déterminés, et tous si rares, qu'il n'y en avait pas eu en six années, jusqu'en 1816, un seul exemple d'application; il s'agit uniquement de savoir, si la Chambre des Pairs, qui s'abstient, par prudence et modération, sans doute, de proposer rien de ce qui est le plus urgent, le plus important, le plus cher aux Français, et de l'application la plus journalière, rien de ce qui concerne l'inviolabilité même de la patrie, restée compromise, si la Chambre usera de l'initiative pour attaquer les sept articles, pour demander qu'ils soient changés, que notre système pénal soit réformé et remplacé par une quantité inconnue, par X, comme disent les mathématiciens. J'ose croire qu'une telle entreprise toute éventuelle et pour l'avenir, manque absolument d'intérêt et de convenance, parce qu'elle manque d'une utilité réelle et prochaine, et parce qu'elle ne présente rien de préférable à ce qu'elle réprouve.

Ici disparaît certainement, la grande objection de l'impossibilité qui est contestée aujourd'hui, même pour tous les cas, par d'habiles administrateurs(1), et qui n'est pas reconnue par le Gouvernement pour les cas de la loi, puisque le Gouvernement ne l'a point déclarée, et puisque le proposant, notre collègue, n'est point ici, l'organe même bénévole du ministère. J'insiste sur cette dernière considération, parce que je ne trouve rien de plus déplacé, que de vouloir forcer les ministres maintenant, et même en aucun temps, à s'occuper de ce qui serait le moins urgent et le moins nécessaire.

Lorsqu'il sera question de réformer notre système pénal attaqué par la proposition, et

---

(1) *Voyez* Bases de l'Administration maritime, par M. le baron Lescalier, etc. in-8; Paris, 1819, pag. 37. L'établissement de la déportation judiciaire dans les colonies, paraît à l'auteur une chose *essentielle*.

lorsqu'on en présentera un préférable, pour les cas rares prévus dans les sept articles, alors il sera temps d'examiner, s'il est expédient de supprimer la déportation dans ces cas prévus, ou de l'étendre à d'autres cas plus ou moins graves, et même de remplacer ainsi la peine des galères, ou enfin, ce qui serait meilleur peut-être, de modifier et d'adoucir la déportation, et de la changer en simple exclusion du continent, à la demeure forcée dans quelqu'un de nos établissemens coloniaux, ou à la retraite sur une terre étrangère, lorsqu'elle serait possible.

Voilà des adoucissemens que j'appellerais de tous mes vœux, mais que je n'oserais pas légèrement consentir pour les crimes politiques, de peur qu'ensuite le zèle excessif des ministres ou des magistrats, ou la fureur de quelques anarchistes, jugeant la peine trop légère, ne trouvât moyen de tourner les procédures de manière à faire légalement, et presque toujours, prononcer le dernier supplice contre tous les crimes politiques.

J'ai solidement combattu, ce me semble, et pour le passé et pour l'avenir, la proposition vague de substituer une peine à l'autre.

Il me reste à discuter en peu de mots, sous le rapport de l'avenir, la proposition de votre commission qui me répugne, presque uniquement en ce qu'elle s'appliquerait au passé, d'après le texte du rapport, en ce qu'elle toucherait les cinquante détenus du Mont-Saint-Michel, pour lesquels j'espère en la clémence du Roi, du moins pour tous les condamnés prevôtalement, et surtout pour ces victimes égarées, en 1817, autour de Lyon, par la misère, par la faim, par les agens même de la police : je les trouve encore au nombre de trente-quatre dans l'état imprimé (1). Si par un acte solennel nous ne pouvons rien pour eux, que hâter leur exil, appuyons-les de nos bons offices dans nos rapports familiers avec les ministres de Sa Majesté, sollicitons leur grâce entière, après deux années de détention, ou une commutation préférable à l'exil; et ne reprochons pas, dès ce moment, aux sages dépositaires de la confiance du Roi, un retard

(1) Les déportés de Lyon doivent avoir tous obtenu grâce, ainsi qu'il résulte d'une explication donnée, à la suite de ce discours, par M. le comte Decazes.

qui peut n'avoir eu pour principe que la plus douce bienfaisance, et qui peut avoir en peu de temps la plus heureuse fin. Quand il ne s'agit que d'exécution, et de mode et de temps d'exécution, quand il n'y a de plainte d'aucune partie intéressée, quand il est permis de soupçonner les plus honorables motifs d'excuse à un retardement des ministres, c'est le cas, à mon avis, d'ajourner ou de passer à l'ordre du jour, enfin de se dispenser d'un *haut acte* de surveillance.

Votre comité se plaint de ce que le lieu de la déportation n'est pas déterminé, depuis 1810. Mais le Code ne dit pas qu'il y aura *un lieu* déterminé pour toutes les déportations ; il dit seulement que la déportation consiste à être transporté et à demeurer en un lieu déterminé. Ce lieu peut bien n'être pas une colonie fondée ou disposée tout exprès; rien n'empêche qu'il soit assigné à chaque déporté un lieu différent, autant qu'on le peut, et cela est fort désirable dans mon opinion.

Votre comité observe que les droits civils du déporté ne doivent pas dépendre de l'arbitraire du gouvernement; mais cet arbitraire est une partie de la peine légale, et si vous le retranchez, vous donnerez lieu à multiplier les supplices pour des crimes politiques. D'ailleurs, les droits civils des déportés, ces droits laissés par la loi à l'arbitrage du Gouvernement, ne sont pas nécessaires à l'industrie du déporté, ni à la défense judiciaire de sa personne ou de ses biens; le Code pénal y a pourvu en définissant les effets de la mort civile. Cet arbitraire ne peut cesser si on laisse subsister la mort civile, comme partie de la peine de la déportation. Êtes-vous si convaincus de la nécessité du changement, que vous entendiez le donner pour motif de solliciter une loi nouvelle ?

D'ailleurs, croyez-vous, comme le rapporteur de votre comité, que les *droits politiques* à concéder aux déportés, puissent être un motif de loi nouvelle ?

Il me semble impossible de le supposer, ou bien le rapporteur entend les droits civils sous le nom de *droits politiques*, et alors il faut l'expliquer.

Le déporté est *mort civilement*. Ainsi la loi ne lui accorde que cette portion des droits civils, qui est commune aux étrangers; et il ne peut avoir dans les colonies que des droits civils. Nos colons, comme colons, n'ont encore aucuns *droits politiques*, si ces mots droits politiques se rapportent, comme il est vrai, dans le sens propre et exact aux seuls droits qui découlent de la nature du Gouvernement représentatif. Veut-on appeler *droit politique* celui d'être employé ou fonctionnaire public dans une colonie sujette à l'autocratie du pouvoir législatif et du pouvoir exécutif d'une métropole? Ce droit est conservé discrétionnairement dans le Code pénal, sous le nom de *droits civils*, que le gouvernement peut accorder en tout ou partie à nos déportés.

J'ai épuisé, Messieurs, tous les motifs allégués par votre comité pour solliciter une loi nouvelle sur la déportation. Ils m'ont tous paru insuffisans, à moins que vous ne vouliez absolument, pour un retard qui n'est pas sans excuse, et lorsque vous n'êtes provoqués par aucun pétitionnaire, exercer votre surveillance, et en faire un *haut acte*, lorsqu'il conviendrait, ce me semble, d'espérer ou de solliciter grâce ou commutation de peine. L'ordre du jour ou l'ajournement, me sembleraient donc convenables. Mais s'il faut, de nécessité, choisir entre les deux propositions qui vous sont faites, je n'hésite pas, j'adopte celle de votre comité, la considérant, au fond, comme un véritable ajournement, dont je trouverais la forme beaucoup trop solennelle, dans mon humble avis.

Je demande l'ajournement ou l'ordre du jour.

IMPRIMERIE DE BAUDOUIN FRÈRES,
RUE DE VAUGIRARD, N. 36, PRÈS LA CHAMBRE DES PAIRS.

www.ingramcontent.com/pod-product-compliance
Ingram Content Group UK Ltd.
Pitfield, Milton Keynes, MK11 3LW, UK
UKHW021033220726
13924UKWH00001B/291